L'ARMÉE ET L'ANARCHIE. CHAMBÉRY, 1895.

L'ARMÉE

ET

L'ANARCHIE

L'ARMÉE

ET

L'ANARCHIE

POURSUITES

CONTRE

L'ÉCHO DES MONTAGNES

CHAMBÉRY

IMPRIMERIE SAVOISIENNE, RUE DU CHATEAU

1895

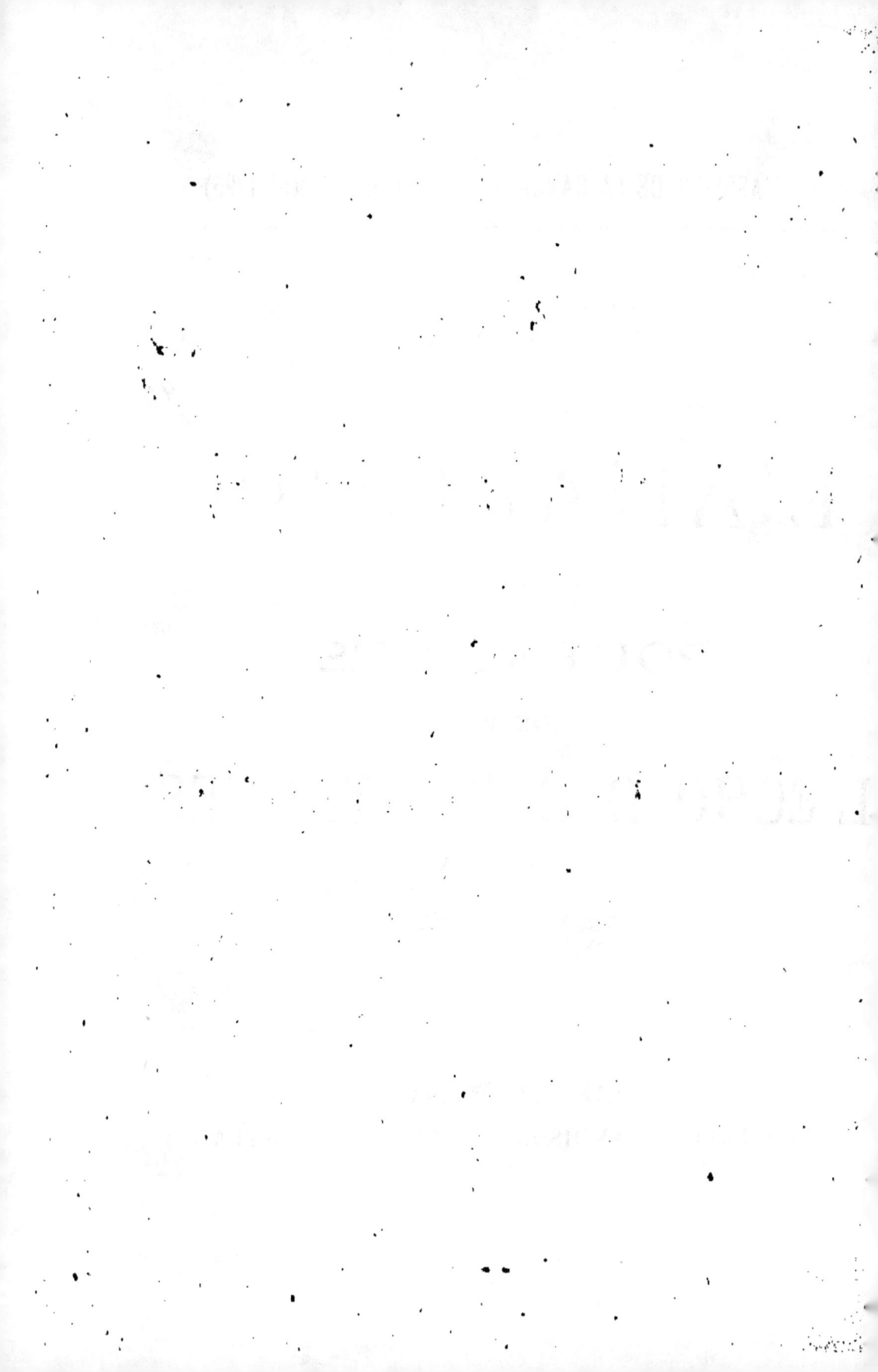

POURSUITES

CONTRE

L'ÉCHO DES MONTAGNES

*Outrages envers des officiers
de l'armée.*

Sur une plainte du ministre de la guerre,
agissant au nom de l'armée, du gouvernement et du pays, le rédacteur-gérant-impri-
meur de l'*Echo des Montagnes* était assigné à
comparaître lundi matin devant la Cour
d'assises de la Savoie pour répondre du crime
d'injures et de diffamation envers quatre officiers et sous-officier de la garnison de Chambéry. L'opinion publique, que le journal socialiste entretenait chaque semaine des faits
de la cause, attendait avec une curiosité non
exempte d'impatience les débats où devaient

enfin être démontrée l'exactitude de ces récits violents, passionnants, irrités, mais plus chargés d'adjectifs que d'arguments. Quand nous démentîmes pour la première fois les allégations de l'*Echo,* nous avions dit qu'il y avait un moyen très simple d'arrêter ce tapage : à savoir, faire une enquête loyale et rapide, punir les coupables si les voies de fait étaient réelles, ou poursuivre le journal, s'il avait menti. Notre solution avait, il y a deux mois, paru soulever l'enthousiasme et réaliser les rêves les plus ambitieux de notre confrère. Il se faisait fort de prouver toutes ses accusations et soupirait après le bonheur de comparaître devant le jury.

Cette assurance, cette crânerie promettaient des débats tout à fait instructifs et intéressants. Aussi avait-on fait d'avance le siège du Palais-de-Justice pour obtenir une place aux galeries de ce tournoi annoncé avec tant d'éclat. La veille de l'audience, l'*Echo* était arrivé avec des sous-titres flamboyants, des manchettes aveuglantes, bourré jusqu'à la gueule d'articles défiant l'armée, objurguant la magistrature, caressant le jury, exaltant les députés socialistes qui devaient se trouver lundi matin à la barre pour as-

sister leur client. Il est facile avec tout cela
de comprendre que la curiosité de notre population fût vivement piquée lundi matin et
que les abords du Palais fussent animés de
bonne heure par une foule nombreuse.

L'AUDIENCE

A neuf heures, l'audience commence. La
salle est comble. Dans le prétoire, où la table
obligeamment réservée à la presse par M. le
président est occupée par de nombreux jour-
nalistes, les jurés et les témoins sont massés.
Tout d'un coup le prévenu, que nous avions
vu avant l'ouverture de l'audience abouché
avec le greffier, demande la parole et, de sa
voix fluette, après avoir décliné ses nom,
prénoms, âge et qualité, développe des conclusions invoquant la suspicion légitime pour
récuser la Cour. Il s'appuie, pour présenter
cette requête, sur plusieurs articles de loi et
invoque ses propres articles visant la magistrature. L'avocat général riposte par des cita-
tions de jurisprudence abondantes et dé-
monstratives. Il fait observer, en outre, que
les juges aux assises sont, non pas les con-
seillers à la Cour, mais les jurés. Or, dans

leurs rangs, nous n'en remarquons pas beaucoup qui paraissent fatigués par les soirées de la Villa-des-Fleurs. Nul n'est surpris quand la Cour rapporte un arrêt rejetant les conclusions de l'accusé et le condamnant aux frais de l'incident.

M. Quay-Cendre alors déclare faire défaut et se dirige vers la petite porte placée derrière le siège du greffier. Mais l'avocat général l'oblige à rebrousser chemin et à suivre la route ordinaire, le rabattant ainsi sur la masse des témoins qui occupent le fond de l'enceinte. Pendant que les militaires, au milieu desquels il défile, échangent leurs remarques sur sa performance, tout le monde dans la salle cause de l'incident. Une fuite si... discrète, après les éclatantes fanfares de la veille, est inexcusable. Cet évanouissement déconcerte tout le monde. Pour nous, c'est une amère désillusion. Pour d'autres, c'est déjà une revanche.

INCIDENT

Le lieutenant de Guinebauld se détache alors du groupe des officiers et, debout devant la barre des témoins, la main tendue vers la place que l'accusé a vidée, il dit d'une voix assurée, à laquelle le mépris et le dégoût qu'éveille en lui la conduite de son agresseur impriment néanmoins quelques vibrations : « Le monsieur qui vient de filer m'a insulté pendant trois mois. Enchaîné par la discipline militaire, j'ai dû subir ses outrages. Mais, aujourd'hui, il m'est enfin permis de venir au rendez-vous qu'il me donnait devant la Cour d'assises. Me voici. Quant à lui, mis en demeure de justifier ses mensonges, de prouver ses calomnies, lui qui bavait, il se dérobe maintenant comme un lâche. Voilà ses procédés ! »

La Cour ayant décidé de continuer les débats contre l'accusé défaillant, les jurés n'ont plus à siéger. Cependant, plusieurs d'entre eux restent à leur banc pour suivre l'affaire.

Me Grasset, avoué à la Cour d'appel, déclare se porter partie civile au procès au nom de MM. de Guinebauld, lieutenant, Michaud, aide-major, Ginet, maréchal des logis au 4e dragons, et Dupoizat, sous-lieutenant au 97e de ligne. Ces messieurs prennent place sur des fauteuils devant le banc de leurs avocats, Mes Descostes, Bel et Raymond.

L'ACTE D'ACCUSATION

M. le greffier donne lecture de l'acte d'accusation, lequel est ainsi conçu :

Le procureur général près la Cour d'appel de Chambéry,

Vu l'arrêt rendu par la Cour, Chambre des mises en accusation, à la date du 22 avril 1895, par lequel le nommé Quay-Cendre François a été renvoyé devant la Cour d'assises du département de la Savoie pour y être jugé conformément à la loi ;

Vu l'art. 211 du Code d'instruction criminelle,

Expose que de la procédure résultent les faits suivants :

« Le sieur Quay-Cendre François a fondé à Chambéry, le 27 novembre 1894, un journal hebdomadaire ayant pour titre : « *L'Echo des Montagnes* », et comme sous-titre : « Organe des revendications du peuple pour la Savoie, les Alpes dauphinoises, le Bugey, le Faucigny, le Genevois et le pays de Gex. »

« Dès son premier numéro, ce journal prit une allure nettement socialiste et bientôt, négligeant quelque peu la question de politique pure, il se livra aux attaques les plus violentes contre l'administration, contre la magistrature et, d'une façon plus générale, contre toutes les personnes ayant une situation en vue. Il se fit le complice de tous ceux qui avaient des rancunes à satisfaire et, sous prétexte de socialisme, il se livra à une campagne de diffamation effrénée.

« L'armée ne devait pas rester à l'abri des attaques de ce journal. Le 24 février 1895, il publiait un article de la dernière violence contre M. de Guinebauld, lieutenant au 4ᵉ régiment de dragons, en garnison à Chambéry. Dans cet article, qui avait pour titre : « Le meurtre d'un soldat », Quay-Cendre accusait formellement M. de Guinebauld d'être la cause de la mort du cavalier Reynaud, soldat de son escadron.

« Dans les trois numéros qui suivirent celui-ci, l'*Echo des Montagnes* formula des accusations non plus seulement contre le lieutenant de Guinebauld, mais encore contre l'aide-major Michaud et le maréchal des logis Ginet, appartenant tous deux au 4ᵉ dragons. Il les accusait d'avoir été les complices de Guinebauld et d'avoir été, avec lui, les auteurs de la mort du cavalier Reynaud.

« Enfin, dans un article paru à la date

du 24 mars 1895, l'*Echo des Montagnes*
s'attaquait à un sous-lieutenant du 97e régiment d'infanterie également en garnison
à Chambéry, M. Dupoizat. Il accusait cet
officier d'imposer à ses hommes des exercices au-dessus de leur force, de les inju-
rier et de les frapper. Il ajoutait que, grâce
aux mauvais traitements qu'il avait infli-
gés à l'un des soldats placés sous ses ordres, celui-ci avait dû être réformé.

« Ces accusations produisirent une émotion considérable dans la population cham-
bérienne et dans la garnison.

« On put craindre, à un certain moment, que ces attaques aussi injustifiées
que passionnées n'amenassent des scènes
de violence.

« Pendant plusieurs jours, une effervescence très grande régna parmi les sous-
officiers du 4e régiment de dragons. Mais,
grâce au sang-froid des officiers attaqués
et aux conseils des chefs, aucun incident
regrettable ne se produisit.

« Le 30 mars 1895, M. le ministre de la
guerre déposait une plainte entre les
mains de M. le garde des sceaux et demandait, au nom des membres de l'armée
qui avaient été attaqués, que des poursuites fussent exercées contre l'auteur des
articles parus dans l'*Echo des Montagnes*.

« Une information fut ouverte et il en résulte que les faits allégués par Quay-Cendre, qui s'est reconnu l'auteur des articles incriminés, sont absolument faux.

« De l'aveu de tous les témoins entendus, M. de Guinebauld, qui est d'un tempérament froid et calme, est plein de sollicitude pour ses hommes. Ceux-ci témoignent pour lui d'un réel attachement et tous s'accordent à dire qu'il est incapable de l'action vile et lâche qu'on lui reproche, c'est-à-dire d'avoir pris plaisir à punir sans motif et à martyriser un soldat.

« Il résulte de l'information que M. Michaud est un médecin instruit, sérieux, qui apporte dans ses délicates fonctions une très grande attention et que jamais il n'a fait preuve de la légèreté qu'on lui reproche. Au cours d'une épidémie survenue en 1892 dans la garnison d'Albertville, il a fait preuve d'un courage et d'un dévouement dignes des plus grands éloges.

« Il résulte également des renseignements et des témoignages recueillis que le maréchal des logis Ginet est un sous-officier des plus doux et auquel ses chefs n'auraient qu'un seul reproche à faire, c'est de n'être point assez sévère envers ses hommes.

« Enfin, l'instruction a établi, en ce qui concerne le sous-lieutenant Dupoizat, qu'on peut, à la vérité, lui reprocher quelque vivacité de langage, mais que les actes de brutalité et que le fait d'avoir, par suite de mauvais traitements, fait réformer un homme sont absolument mensongers.

« Quay-Cendre revendique la pleine responsabilité de ces articles, qui tous, du reste, ont paru sous sa signature dans un journal dont il est à la fois l'imprimeur et le gérant. Il s'est refusé, devant M. le juge d'instruction, à donner la moindre explication et à fournir un seul renseignement pouvant établir qu'il avait été de bonne foi dans ses accusations.

« A toutes les questions qui lui étaient posées à ce sujet, il s'est obstiné à répondre « qu'il parlerait devant la Cour d'assises. »

« Par une contradiction étrange, après avoir réclamé avec la dernière énergie que des poursuites soient exercées contre lui, il appelle, dans son numéro du 7 avril, ces mêmes poursuites « un déni de justice et une infamie. »

« Enfin, dans le numéro de l'*Echo des Montagnes* du 20 avril, il renouvelle contre M. de Guinebauld seulement et sur un ton passionné les imputations diffamatoires de ses précédents articles.

« Quay-Cendre a subi déjà plusieurs condamnations. Le 1ᵉʳ mai 1891, il était arrêté à Lyon pour rébellion envers des agents de la force publique, condamné à 15 jours d'emprisonnement. Collaborateur du journal socialiste l'*Action,* il était condamné par la Cour d'assises du Rhône, le 8 août 1892, à un mois d'emprisonnement et 500 fr. d'amende pour diffamation et injures envers des officiers, et, le 10 du même mois, à 3 mois de prison et 500 fr. d'amende pour injures publiques à l'armée et à des officiers. Le 5 décembre 1892, il était condamné par la Cour de Lyon à 300 fr. d'amende pour infraction à la loi du 29 juillet 1889.

« Enfin, le 7 mars 1893, il était condamné par le Tribunal de Saint-Etienne à un mois d'emprisonnement pour menaces envers un commissaire de police.

« En conséquence, le susnommé Quay-Cendre François, fils de Jean et de Françoise Blanc, né à Drumettaz-Clarafond le 23 décembre 1868, journaliste-imprimeur et gérant du journal l'*Echo des Montagnes,* demeurant à Chambéry, est accusé :

(Suivent les extraits des articles incriminés.)

LES DÉBATS

Le défilé des témoins commence aussitôt. Ils font les dépositions que nous consignons ci-après :

Colonel de Chabot, *commandant le 4ᵉ dragons.* — C'est le 4 février que j'ai pris le commandement du 4ᵉ dragons. Nul ne pouvait faire avec plus d'impartialité que moi l'enquête relative aux faits qui ont été l'origine de cette poursuite. Je ne connaissais pas les intéressés, je n'étais pas mêlé aux événements dont on parlait. J'ai cherché soigneusement la vérité. Eh bien, je dois dire que l'auteur des accusations portées contre le régiment a menti.

Aucun de mes subordonnés n'a rien à se reprocher, je le jure devant Dieu !

(Ces paroles, prononcées d'une voix vibrante et la main droite tendue, produisent une vive émotion.)

— Que pensez-vous de M. de Guinebauld ?

— C'est un officier de mérite, que tous ses chefs estiment et qui est très aimé de ses camarades. Son caractère est ferme mais calme.

— Sur M. Michaud ?

— C'est un médecin attentif et zélé.

— Sur le maréchal des logis Ginet ?

— C'est le dernier qu'on pût accuser de violence. Je lui reprocherais plutôt d'être un peu trop doux.

— Avez-vous remarqué que la campagne d'injures poursuivie contre l'armée eût une influence sur votre régiment ?

— Chez les officiers et sous-officiers, chez tous les bons soldats, l'indignation a été profonde. J'ai même dû calmer cette effervescence de colère. Mais, pour les mauvais soldats, il y a là une excitation à l'indiscipline qui a des conséquences fâcheuses.

De la Molère, *lieutenant-colonel du 4e dragons.* — Je commandais provisoirement le régiment quand les faits suivants se sont passés :

Le 12 janvier, je crois, il y avait comme d'habitude exercice au manège sous le commandement de M. de Guinebauld : exercice pratiqué ordinairement et qui n'impose aucun surcroît d'effort aux hommes. Le cavalier Reynaud, au moment où l'officier commande de sauter à cheval, ne bouge pas. M. de Guinebauld, qui est toujours très maître de lui, réitère son ordre sans plus de succès. Alors il remontre à l'homme qu'il a tort de ne pas faire comme ses camarades. L'autre ne bouge pas. Finalement, M. de Guinebauld lui dit qu'il sera obligé de rendre compte de cette conduite et que cela pourrait lui valoir de la prison. « Cela m'est égal, répond Reynaud, au moins je serai tranquille. »

Au rapport, le lendemain, je trouvai une punition de huit jours infligée par le capitaine au cavalier Reynaud pour avoir fait la réponse ci-dessus. J'ajoutai sept jours de cellule.

Dans mon enquête sur le refus d'obéissance au manège, aucun des camarades du cavalier puni ne m'a dit qu'il eût allégué la maladie pour ne pas sauter à cheval.

Le 20 janvier, soit huit jours après, le service de semaine m'informe que Reynaud est allé à la visite et n'a pas été reconnu. La température étant rigoureuse, je lui fis néanmoins donner un supplément de couvertures. Deux jours après, je rencontrai, après le rapport, le chef d'escadron Lavaivre et le capitaine Gignan. Un de ces messieurs me dit que le cavalier Reynaud s'était encore fait porter malade, qu'il n'avait pas été reconnu, qu'il se chauffait au corps de garde disant être fatigué. Je répondis que, jusqu'à nouvel examen, la punition était suspendue et ordonnai de faire remonter l'homme dans la chambrée, mais sans le laisser aller à la cantine.

Le 24 janvier, j'apprends par le service de semaine que Reynaud est entré à l'hôpital. Le docteur Michaud, que je questionne à ce sujet, me dit qu'il a trouvé un peu de fièvre et qu'il a ordonné le transfert par mesure de prudence. Deux ou trois jours après, le docteur Loup me dit que son collègue a examiné très attentivement le malade et que le cas ne paraît pas grave.

— Quelle est votre opinion sur M. de Guinebauld ?

— C'est un excellent officier, calme, froid,

incapable de céder à un mouvement d'irritation. Dans le service, il est plutôt bienveillant et je n'ai nullement remarqué qu'il
punît plus que les autres officiers !

— Savez-vous si, comme le prétend l'accusé défaillant, M. de Guinebauld aurait de-
mandé à changer de corps ?

— C'est un mensonge. Pourquoi change-
rait-il de corps lui qui a la profonde estime
et l'affection de tous ses camarades ? Cette
invention est une infamie. C'est avec la
même bonne foi que l'on a reproché à M. de
Guinebauld de n'avoir pas assisté aux fu-
nérailles de Reynaud. Ce jour-là, le malheu-
reux officier était au fond de la Bretagne
suivant le cercueil de sa mère... (*Vive émotion dans l'auditoire.*)

— Qu'avez-vous à dire de M. Michaud?

— C'est un médecin plein de sollicitude
pour les hommes et dont le zèle n'a jamais
été en défaut.

— Dans le numéro 16 de son journal, l'accusé prétend que le lieutenant de Guinebauld et le sous-officier Ginet auraient fait
faire deux ou trois mois de *rabiot* à trois
soldats de la classe 1890 ?

— C'est ridicule. Un pareil résultat ne dé-
pend pas d'eux.

— Quel a été l'effet des articles incriminés
dans le régiment ?

— L'indignation a été générale. Il a fallu
faire effort pour contenir la légitime irritation de tout le monde.

Commandant Lavaivre *du 4e dragons.* — Vers la fin de janvier dernier, comme je me trouvais au quartier, le capitaine Gignan me dit qu'il y avait au corps de garde un homme revenant de la visite non reconnu et se plaignant de souffrir. J'en référai au lieutenant-colonel qui fit remonter ce cavalier à la chambre. Il faisait bien froid alors, aussi le lieutenant-colonel avait-il ordonné que les hommes punis de prison coucheraient au corps de garde, où, pendant le jour, ils allaient se chauffer en dehors du temps de corvée.

Capitaine Prieur de la Comble, *du 4e dragons.* — Le cavalier Reynaud, entré au corps en novembre 1893, avait été malade l'année dernière. Au retour de son congé de convalescence, je le mis avec les recrues de 1894. C'était un très mauvais soldat. A diverses reprises, M. de Guinebauld, chargé des classes à cheval, se plaignit de la mauvaise volonté de ce cavalier, qui refusait d'exécuter les mouvements les plus simples et opposait aux exhortations de son chef une force d'inertie invincible. Nous aurions dû punir cet homme; mais, en considération de sa maladie précédente, mon lieutenant et moi usâmes d'une extrême patience.

Finalement, le 12 janvier 1895, au manège, M. de Guinebauld, ne pouvant faire exécuter par Reynaud les mouvements que faisaient tous ses camarades, lui dit que sa désobéissance l'exposait à la prison. Une

réponse insolente fut punie de quatre jours
de salle de police que je transformai en
huit jours de prison auxquels le lieutenant-
colonel ajouta sept jours de cellule.

A ce moment, Reynaud ne s'était plaint à
personne d'une maladie quelconque. J'ai
interrogé plus tard tous ses camarades.
Tous, sans exception, m'ont affirmé qu'ils
ne l'avaient jamais entendu parler de cela.
Il était en prison depuis une huitaine de
jours lorsqu'il se présenta à la visite et ne
fut pas reconnu. Mais, la température étant
plus rigoureuse, on lui donna un supplément de couvertures. A chaque instant, je le
voyais se chauffer au corps de garde.

Le 22 janvier, à dix heures du matin, le
capitaine Gignan, qui était de semaine, vint
me dire qu'un homme de mon escadron était
au corps de garde et se disait malade. Nous
allâmes le voir ensemble. Il avait sa mine
habituelle. Néanmoins, le lieutenant-colonel, informé par nous, le fit remonter à la
chambre. Les brigadiers Bouvier et Finet,
qui l'avaient accompagné à la visite, m'ont
dit que, contrairement à ce que prétend l'accusé, il n'avait jamais eu besoin de s'ap-
puyer sur eux.

— Que savez-vous du caractère de M. de
Guinebauld ?

— C'est un homme froid, calme et bon. Il
punit peu.

— De M. Michaud ?

— Je l'ai toujours vu consciencieux et dé-
voué.

— Du sous-officier Ginet ?

— C'est un bon garçon, très doux.

Capitaine Gignan, *capitaine de gendarmerie à Grenoble.* — Faisant un stage au 4e dragons, j'étais capitaine de semaine quand on me dit que le cavalier Reynaud était malade au corps de garde. J'allai voir cet homme. Il n'avait pas l'air bien fatigué. Il se plaignait seulement d'un malaise général. Sur mon rapport, le lieutenant-colonel l'a fait remonter à la chambre.

— Est-il vrai qu'en revenant de la visite Reynaud défaillît ? que le brigadier et un homme fussent obligés de le soutenir ?

— Je n'ai rien vu de semblable.

Capitaine Poulet, *du 4e dragons.* — Le lieutenant de Guinebauld, qui est dans mon escadron, est un officier plein de sollicitude pour ses hommes. Avec son caractère froid et réfléchi, il ne punit que rarement et à bon escient, parce qu'il ne cède jamais à des mouvements d'irritation.

J'ai pu aussi constater le zèle avec lequel M. Michaud remplit ses fonctions. Quant au maréchal des logis Ginet, c'est un garçon plutôt timide, nullement suspect de violence ni de rancune contre ses subordonnés.

Pendant ce dernier hiver, qui fut si rigoureux, des mesures exceptionnelles ont été prises pour sauvegarder la santé des hommes. On faisait, à dix heures, remonter à la chambre ceux qui étaient à la salle de police, ce qui permettait de donner paillasse et couvertures à ceux qui étaient en prison.

Lieutenant-colonel Joly, *du 22e bataillon de chasseurs.* — Le sous-lieutenant Dupoizat a été attaché l'année dernière à la place d'Albertville. Il y a paru un très bon officier. Quant à M. de Guinebauld, que j'ai connu à diverses reprises, notamment aux manœuvres, c'est un galant homme, très estimé.

Docteur Baudot, *médecin en chef de l'Hôpital militaire.* — Rien ne pouvait, quand Reynaud était au corps, faire prévoir la méningite qui l'a emporté. Le mal s'est révélé subitement. Nul ne peut dire qu'on l'ait envoyé à l'hôpital trop tard. Les germes de tuberculose n'ont été constatés qu'à l'autopsie.

Docteur Loup, *médecin-major du 4e dragons.* — Le traitement suivi à l'égard du cavalier Reynaud était absolument correct. Cet homme n'eût pas même été envoyé à l'hôpital s'il n'avait eu ses antécédents de maladie. Son cas était un cas d'infirmerie, tant que les symptômes de méningite ne s'étaient pas révélés.

D'ailleurs, le docteur Michaud a fait tout ce qu'il devait, tout ce qu'on pouvait attendre d'un médecin zélé et instruit.

M. de Guinebauld est un officier humain et bienveillant, froid et bon. Il est entouré de l'estime de tous ses camarades.

Docteur Carret, *médecin à Chambéry :*

— Un médecin civil, appelé dans une famille pour un cas de grippe, prendrait-il plus de précaution qu'on n'en prend au 4ᵉ dragons où le major observait deux fois par jour la température de Reynaud ?

— On ne ferait pas davantage.

Hennique Henri, *maréchal des logis au 4ᵉ dragons.* — Reynaud était dans mon peloton. C'était un mauvais soldat, sournois, faisant mal son service. Quand il fut puni, au mois de janvier dernier, notre lieutenant avait épuisé à son égard toutes les formes de la persuasion. D'ailleurs, ce cavalier ne s'est jamais plaint de son état de santé. Ce qu'on lui demandait était simplement ce que faisaient tous les autres soldats. Reynaud lui-même avait exécuté le mouvement quelques instants avant le refus d'obéissance qui le fit punir.

Le maréchal des logis Ginet est un excellent camarade et un homme doux.

Bouvier J.-B., *brigadier au 4ᵉ dragons.* — Reynaud était un mauvais soldat. C'est moi qui l'ai accompagné à la visite du major. Il marchait bien et je n'ai pas remarqué qu'il fût fatigué.

— Savez-vous s'il se plaignait depuis quelque temps d'être malade ?

— Lui ! Il ne parlait jamais.

Escudier Henri, *adjudant au 4ᵉ dragons.* — J'étais de semaine quand Reynaud fut puni. Bien qu'il n'eût pas été reconnu malade, on lui a fait donner un supplément de couchage pour le défendre contre le froid et le major est venu dans sa cellule prendre sa température.

— Quelle impression les attaques de l'*Echo des Montagnes* ont-elles fait au régiment ?

— Des attaques de ce genre n'en pouvaient faire aucune.

Drevet Fernand, *adjudant au 4ᵉ dragons.*
— M. de Guinebauld est un officier bon envers les hommes, punissant rarement et toujours sans se départir de la dignité calme de son caractère.

Le maréchal des logis Ginet est un bon sous-officier, tout à fait doux.

— Qu'a-t-on pensé au 4ᵉ des injures de la feuille incriminée ?

— Une vive indignation s'est emparée de tous les sous-officiers. Ils ont tenu à protester, par écrit, contre les calomnies visant leurs chefs. Cette protestation a été remise au colonel.

— Vous a-t-on suggéré cette démarche ?

— Non, elle a été faite spontanément.

Finet Frédéric, *brigadier au 4ᵉ dragons.*
— Je n'ai cessé de voir Reynaud pendant sa détention. Il était, comme d'habitude, mou, affalé, mais ne se plaignait nullement de souffrir. Je l'ai visité deux fois dans sa cellule pendant la nuit. Je lui demandai à diverses reprises s'il avait froid, s'il était ma-

lade. Il m'a toujours répondu tranquillement : Non.

Chrétien Jules, *brigadier-fourrier au 4ᵉ dragons*. — Reynaud passait pour un mauvais soldat. Il était sournois et parlait peu à ses camarades.

D'après les militaires placés sous les ordres de M. de Guinebauld, le lieutenant doit être rangé parmi les officiers calmes plutôt que parmi ceux qui se laissent quelquefois emporter.

J'ai été soigné pour un refroidissement par M. Michaud et je n'ai eu qu'à me louer de lui.

Quant au maréchal des logis Ginet, avec qui je travaille, c'est un excellent camarade et un chef très doux.

Brossat Charles, *percepteur surnuméraire à Chambéry*. — J'ai fait mon service au 4ᵉ dragons et j'ai été sous-officier dans l'escadron de M. de Guinebauld. C'était un chef excellent et dont j'ai gardé le meilleur souvenir.

M. le docteur Michaud m'a toujours paru un médecin consciencieux et attentif.

Idelon Marius, *domestique à Saint-Laurent-en-Royans*. — J'ai fait tout mon service dans le même escadron du 4ᵉ. M. de Guinebauld a toujours été pour moi comme un père. Je l'ai toujours tenu pour un vrai père de famille.

Orsat François, *cultivateur à Quintal.* — J'ai servi pendant trois ans dans le peloton commandé par le lieutenant de Guinebauld. C'était un excellent officier, s'occupant beaucoup des hommes et très juste. Il demandait souvent aux soldats s'ils étaient malades, s'ils avaient quelque réclamation à faire. Tout le monde dans le peloton l'aimait beaucoup.

J'ai été atteint d'un coup de pied de cheval à la poitrine, pendant les manœuvres, à Saint-Pierre d'Albigny. M. de Guinebauld m'a donné les premiers soins. Il est revenu pendant la nuit s'informer de ma santé. Je lui dois la vie. J'ai toujours pour lui une grande reconnaissance.

J'ai été bien soigné aussi par M. le docteur Michaud.

Coni Eugène, *brigadier au 4ᵉ dragons.* — J'ai connu Reynaud qui était un homme bien bâti. Comme il était sournois, il nous parlait peu. On lui demandait quelquefois s'il était malade. Il ne répondait rien.

M. de Guinebauld est un officier calme, essentiellement juste, et je dois reconnaître que si j'ai été puni par lui je le méritais.

J'ai été soigné deux fois par M. Michaud, pour une entorse et pour la grippe. Il m'a toujours examiné avec attention. Lorsque j'eus la grippe, M. de Guinebauld vint plusieurs fois demander de mes nouvelles.

Le sous-officier Ginet est très impartial.

Berthod Joseph, *cultivateur à Vaulx (Haute-Savoie).* — J'ai servi sous M. de Guinebauld et j'ai gardé un très bon souvenir de ce chef bienveillant et juste.

Le sous-officier Ginet était aussi un homme doux.

Bouvier J.-M., *boulanger à Rumilly.* — J'ai passé trois ans au 4e dragons comme cavalier, brigadier et maréchal des logis. Pendant tout ce temps, j'ai été sous les ordres du lieutenant de Guinebauld. C'était un officier froid, mais juste et bienveillant envers ses subordonnés, dont il accueillait avec attention les réclamations et dont il était aimé. J'ai gardé de lui un bon souvenir.

Queyron Auguste, *homme d'équipe à Veynes.* — Pendant mes trois ans de service, j'ai été dans l'escadron de M. de Guinebauld. Je l'ai toujours connu bon et juste et n'ai jamais eu à me plaindre de lui.

Paccard, *fondeur de cloches à Annecy-le-Vieux.* — Je n'ai pas servi au 4e dragons ni connu M. de Guinebauld, mais deux de ses anciens soldats habitant la Haute-Savoie m'ont parlé de lui. Le cavalier Orsat m'a dit qu'étant blessé aux manœuvres il a été, de la part de son lieutenant, l'objet des soins les plus empressés. Un autre, domestique à Annecy, m'a présenté son ancien chef, M. de Guinebauld, comme un homme ferme mais très bon.

Colonel de Santi, *commandant le 97e de ligne.* — M. Dupoizat est un bon officier, ai-

mant son métier, l'exerçant avec zèle. Tout
en se montrant sévère dans le service, il est
très juste. Je n'ai jamais constaté d'ailleurs
qu'il abusât des punitions. J'ai fait relever
celles qu'il a données dans la dernière pé-
riode de quatre mois et cela n'excède nullement la moyenne pour un officier instructeur.

Quant aux faits qui lui ont été imputés par
l'*Echo des Montagnes*, ils sont absolument
faux. Aucun homme n'a été réformé dans la
huitième compagnie depuis que M. Dupoizat
y commande. Cet officier est arrivé le 2 novembre 1894 et le dernier cas s'est produit le
3 octobre.

A la suite de l'article paru, j'ai questionné
séparément les officiers, sous-officiers et ca-
poraux ; de plus, trois hommes désignés par
le sort ont été choisis dans chaque escouade
et interrogés par moi. Tous ont formellement
nié que le sous-lieutenant Dupoizat eût com-
mis des voies de fait, brutalisé qui que ce
soit, excédé dans les exercices les limites
que le règlement impose. Il a fait faire du
pas gymnastique comme il le devait. Il était
lui-même à la tête des hommes. La course
durait six à sept minutes avec alternative de
pas accéléré, et les soldats qui ne pouvaient
suivre quittaient le rang. M. Dupoizat a
donc toujours appliqué le règlement, ni plus
ni moins. Il a fait son devoir. Moi, son chef,
je le couvre.

Capitaine Borson, *du 97ᵉ de ligne.* — Je
commande la compagnie où se trouve le

sous-lieutenant Dupoizat. L'accusation portée contre lui est fausse. On l'a accusé de faire faire à ses hommes du pas de gymnastique à l'excès, dans la boue. Or, les manœuvres d'entraînement ont cessé le 20 décembre, avant la chûte de la neige. Elles avaient lieu sur un sol sec et conformément aux prescriptions du règlement. M. Dupoizat marchat en tête de ses hommes, montre en main, et ceux qui ne pouvaient suivre sortaient librement du rang.

Jamais le sous-lieutenant n'a brutalisé ses soldats. Avec de la fermeté, il est bon, et, dans une longue marche militaire, je l'ai vu moi-même prendre le fusil d'un homme fatigué.

Quant à l'histoire de réforme, c'est une calomnie comme le reste. Le dernier cas de réforme s'est produit un mois avant l'arrivée du sous-lieutenant dans la compagnie.

Berthier Louis, *fusilier au 97ᵉ*. — Les exercices d'entraînement ont pris fin avant la chûte de la neige. Le pas gymnastique durait sept à huit minutes. Ceux qui ne pouvaient suivre sortaient des rangs.

Baratton, *fusilier au 97ᵉ*. — On faisait du pas gymnastique pendant sept à huit minutes. Quand on ne pouvait suivre, on sortait du rang. Personne ne disait rien.

Bal, *tanneur à Chambéry*. — A été le patron de Quay-Cendre et lui a appris à tanner (ce dont il a souffert un peu). A été loué par son ouvrier en vers et bafoué en prose. Est fier d'être opportuniste. La politique n'étant pas de mise ici, passons.

Grimonet, *négociant à Chambéry.* — A été soigné au service par M. le docteur Michaud et se loue de ses soins.

Secchi, *propriétaire à Chambéry.* — A eu, l'année dernière, son fils soigné au régiment par M. Michaud. A trouvé le docteur plein de zèle et de sollicitude.

PLAIDOIRIES

Me Grasset, avoué à la Cour d'appel, dépose à la barre des conclusions réclamant uniformément un franc de dommages et 50 insertions de l'arrêt dont 30 dans l'*Echo des Montagnes.*

PLAIDOIRIE DE Me DESCOSTES.

Me Descostes, chargé de la défense du lieutenant de Guinebauld et du maréchal des logis Ginet, prend le premier la parole :

La situation dans laquelle il se lève ne laisse pas, dit-il, que d'être embarrassante... Nous étions venus pour prendre part à une bataille qui promettait d'être chaude et vaillamment disputée ; nous assistons à une lamentable déroute... Où

est l'accusateur qui nous avait provoqués
à un duel en Cour d'assises, qui, ce matin
encore, fait annoncer à son de trompe l'arrivée à Chambéry d'un grand orateur,
l'*ogre* chargé de dévorer les trois *petits
Poucets* que voici ?... (*Hilarité dans l'auditoire.*) Où est-il ?... C'est l'heure de se
montrer... Le calomniateur vient de fuir
honteusement, comme un Chinois poursuivi par un Japonais, comme un simple
Malgache qui sent sur ses talons les tirail-
leurs du général Metzinger ; il eût voulu
se sauver par une porte dérobée ; le ministère public lui a infligé la grande porte
et il l'a prise, l'oreille basse et le regard
oblique, après avoir lancé, comme le trait
du Parthe, une dernière injure aux juges
de son pays...

Dans d'autres conditions, continue l'orateur, les parties civiles n'auraient qu'à
se taire et à laisser la Cour juger sur
les émouvants et lumineux débats qui
viennent de se produire au grand jour...
Mais, quant à Guinebauld, il estime, et
j'estime avec lui qu'il ne peut garder le si-
lence.

Ce grand débat doit avoir une sanction.
La barre est la seule tribune où les soldats calomniés aient le droit de se faire
entendre. Peut-on leur refuser la satisfac-

tion d'y proclamer leur innocence? Peut-
on la refuser surtout à celui qui, comme le
lieutenant de Guinebauld, a été abreuvé
d'outrages depuis trois mois, sans inter-
ruption, sans trêve, sans qu'il ait pu dire
un mot, condamné par la discipline à se
taire et à attendre l'heure de la justice ; à
l'homme de cœur, à l'officier qui a dû
boire le calice de toutes les amertumes et
qui, au chagrin de perdre sa mère, a vu
se joindre la crainte de perdre l'honneur?...

M⁰ Descostes expose qu'avec le lieutenant de Guinebauld, et sur le désir de
celui-ci, il vient aussi défendre le maréchal des logis Ginet, l'officier et le sous-
officier, le gentilhomme et l'enfant du peuple, tous deux Français, tous deux soldats, unis par la sainte fraternité militaire
dans la même épreuve, honorés des
mêmes outrages pour avoir accompli le
même devoir.

L'honorable avocat présente en quelques
mots ses clients à la Cour... En est-il
besoin ? dit-il. Qu'ajouter à ces admira-
bles dépositions qui nous ont fait verser
des larmes et qui nous ont relevé le cœur,
à celle du colonel de Chabot, choisi entre
tous — c'est tout dire — pour représenter
la France en Russie dans une circonstance
tristement mémorable ; à celle du lieu-

tenant-colonel de la Molère, l'ancien sous-lieutenant de 1870 ; à celles de tous ces braves, officiers, sous-officiers, simples soldats, qui n'ont, eux, d'autre politique que d'aimer la France et de la servir ?...

Guinebauld est le digne fils du valeureux commandant des mobiles de la Vendée qui, au siège de Paris, se couvrait de gloire et était décoré de la Légion d'honneur par le gouvernement de la Défense nationale. Dans le rang, Guinebauld est l'officier calme, froid, juste, attaché à tous ses devoirs, ne punissant presque jamais, constamment préoccupé de la santé et de l'éducation militaire de ses hommes, ayant conquis par son dévouement et par sa bonté l'affection et la reconnaissance de tous ceux qui ont servi sous ses ordres.

Ginet est un bon sous-officier, nullement brutal, n'ayant peut-être qu'un défaut, celui d'être trop doux, de n'avoir pas la main assez ferme.

Tous deux n'ont qu'une préoccupation, celle de remplir modestement leur devoir, de contribuer à préparer à leur pays de solides et vaillants défenseurs... Et voilà pourquoi ils ont encouru les haines des agents de la Révolution sociale... C'est le plus bel éloge qu'on puisse faire d'eux : ils étaient dignes d'être outragés par l'*Echo des Montagnes*.

Mᵉ Descostes se demande ce qu'est cette feuille à scandale qui se prétend l'organe des revendications du peuple. Il ne veut pas, dit-il, faire de politique, il ne plaide pas pour des politiciens. Il ne veut pas juger des doctrines et des programmes ; il veut bien admettre que les théories les plus subversives puissent avoir leurs illuminés et leurs apôtres, qu'il y ait dans le gouvernement et dans l'administration du pays des abus qu'un journal indépendant ait le devoir de dénoncer ; mais il y a des choses sacrées auxquelles la presse, quelle qu'elle soit, n'a pas le droit de toucher sans commettre une infamie : au premier rang, c'est l'armée, c'est le drapeau qui est l'incarnation même de la patrie... Or, c'est à l'armée, c'est au drapeau, c'est à la patrie que le parti socialiste révolutionnaire a déclaré la guerre, parce que l'armée est non seulement la gardienne de la frontière, mais la gardienne de l'ordre et de la propriété ; parce que, à cette heure où le jacobinisme bourgeois a fait taire les vieilles chansons, a sapé les vérités éternelles qui bercent la misère humaine, l'armée, c'est l'unique barrière qui demeure debout contre les ennemis du dedans et du dehors...

Le compagnon Quay-Cendre a voulu

étendre à la Savoie l'entreprise commencée à Lyon et poursuivie dans tous les grands centres : déconsidérer l'armée, semer dans les rangs l'indiscipline, paralyser le dévouement des chefs, prêcher la désobéissance aux soldats, tromper les familles, égarer et surexciter l'opinion ; et tout cela d'une façon fort habile, sous le couvert de la défense des humbles, des petits, des fils de paysans et d'ouvriers, sous les apparences d'un faux amour de la patrie ; en réalité pour arriver à la suppression des armées permanentes, ce qui serait, à bref délai, la destruction même de la patrie.

Dans cette guerre, qui met en péril, qu'on ne s'y trompe pas, continue l'orateur, les intérêts supérieurs du pays, quelle est l'arme qu'ont ramassée les ennemis de l'armée ? La calomnie... Calomniez ! calomniez ! il en restera toujours quelque chose... A l'aide de faits inoffensifs habilement dénaturés, on créera des légendes. D'une punition méritée, on fera un acte odieux d'arbitraire. Avec une mort naturelle, on forgera un assassinat. Et il y aura toujours, même parmi les gens honnêtes, des naïfs pour avaler le breuvage et pour absorber le poison.

Ainsi de la fameuse histoire du cavalier

Reynaud. Où est la vérité ? Nous la tenons maintenant ; elle peut se raconter en
quatre mots. Reynaud, qui appartenait à
la classe de 1893, était un mauvais soldat,
sournois, rétif, opposant à tout et à tous la
force d'inertie. Guinebauld se montre visà-vis de lui, au cours de *ses classes,* plein de
patience et de sollicitude. Reynaud fait
une maladie dans l'été de 1894, est envoyé
en convalescence et revient complètement
guéri, après un congé d'un mois, au régiment. A raison de l'insuffisance de son
instruction, il est replacé dans le peloton
des conscrits de la classe 1894.

Le 13 janvier, manœuvre au manège.
L'exercice est des plus simples : il s'agit
de monter à cheval et d'en descendre.
Tous les hommes, même les recrues, le
font sans la moindre difficulté. Reynaud,
qui n'est point malade, qui ne s'est pas
fait porter tel, qui est dans les conditions
ordinaires et dans son état normal, fait la
mauvaise tête, suivant son habitude. Son
lieutenant l'exhorte, lui parle avec douceur, l'engage à essayer : il n'en obtient
rien. Ceci se passe devant le peloton,
sous les armes, en présence des recrues.
Finalement, le lieutenant fait observer au
cavalier réfractaire que, s'il s'obstine dans
sa résistance, il s'expose à la prison :

« Eh bien ! soit, répond Reynaud, au moins j'y serai tranquille. » J'en appelle à tous ceux qui ont conservé la moindre notion de la discipline. Quel était le devoir du lieutenant ? Il devait punir. Il ne punit que d'une façon bien douce : quatre jours de salle de police, tellement douce que successivement le capitaine et le lieutenant-colonel durent augmenter la punition.

Reynaud entre en prison, non malade, le 13 janvier. Il y demeure dans des conditions exceptionnellement douces, ayant des couvertures, pouvant se chauffer au corps de garde. Huit jours après seulement, il se fait porter malade, n'est pas reconnu tel, est mis en observation, puis entre à l'hôpital et y meurt, d'une méningite qui se déclare soudainement, le 31 janvier. Deux jours après, on l'ensevelissait. Ginet suivit le convoi et participa même à l'achat d'une couronne. Le même jour, à quelques cents lieues des Alpes, aux bords de l'Océan, comme nous le disait le lieutenant-colonel de la Molère, Guinebauld conduisait sa sainte mère à sa dernière demeure, aux côtés du père qui lui a enseigné le chemin de l'honneur... Voilà la vérité !

Eh bien ! — continue Mᵉ Descostes, —

sur cette vérité maintenant visible, tangible, éclatante, l'*Echo des Montagnes* s'est jeté comme un corbeau sur un cadavre. De l'officier bon et humain, on a fait un bourreau ; du sous-officier doux jusqu'à la faiblesse, on a fait un aide du bourreau ; du soldat mort comme on meurt chaque jour, partout et à tout âge, on a fait un enfant du peuple assassiné ; du fils qui accomplit le plus saint de tous les devoirs, on a fait un coupable qui se cache et qui n'ose suivre le convoi de sa victime ! Et ces infamies, on les a imprimées, colportées, répandues depuis trois mois à des milliers d'exemplaires ! Et, au moment où je plaide, je les entends crier encore sur la voie publique, alors que le calomniateur n'a pas eu le courage de demeurer ici pour essayer de les prouver !...

M⁰ Descostes, sans les lire, signale d'un mot à la Cour les six articles dans lesquels le ministère public et la partie civile relèvent les délits d'injures publiques et de diffamation envers des officiers de l'armée. Il y a là plus, suivant lui : il y a des outrages à l'armée tout entière, il y a de véritables actes de propagande anarchiste ; il y a une excitation à la révolte, un appel aux soldats pour tirer, non sur l'ennemi, mais sur les chefs...

Et ces attaques, qui les a formulées?
Quel est-il donc, ce justicier? Est-ce un
ancien soldat? Non, il n'a pu l'être. — En
fait d'armes, Quay-Cendre n'a pas été
jugé capable d'en porter d'autres... que
l'instrument immortalisé par Molière. Il
ne sait pas manier le fusil, il n'a pas fait
un jour de service ; et, alors que nos fils
réunis, d'où qu'ils viennent, sous le même
uniforme et sous les plis du même drapeau, se préparent gaiement aux grands
devoirs, c'est lui, pour qui, certes, la société n'a pas été une marâtre, qui insulte
cette armée qu'il ne connaît pas, qui n'a
pas voulu de lui, ce drapeau devant lequel
nous nous inclinons tous quand il passe,
parce que le drapeau, c'est la France!

M⁰ Descostes, poursuivant, demande à
compléter les états de service de Quay-
Cendre. Hier, dit-il, il les étalait dans son
journal. Pour lui, les condamnations en-
courues, « les iniquités des enjuponnés
du prétoire », ce sont des titres de gloire :
elles sont pour lui ce qu'est la croix d'honneur sur ces vaillantes poitrines dans les-
quelles bat le cœur de la vraie France...

Et cependant, il y a quelque chose que,
malgré son audace, il n'a pas osé impri-
mer... Pourquoi a-t-il encouru le 22
avril 1892, devant la Cour d'assises du

Rhône, une de ces glorieuses condamnations ? Pour avoir appelé le drapeau, — notre drapeau, entendez bien, — ce drapeau qui a fait le tour du monde, ce drapeau qui est le symbole de la générosité, de la vaillance, du patriotisme et de la liberté, « L'ABJECT CHIFFON TRICOLORE QUI ABRITE TOUTES LES INFAMIES... » *(Mouvement de réprobation dans l'auditoire.)* Et quand il eut proféré ce blasphème, un compagnon venait dire après lui : « *L'armée, c'est l'école du crime et de l'assassinat. Anastay, c'est l'armée : on lui a appris à tuer et il a tué. Il n'a pas pu tuer à la frontière; il a tué à Paris comme il eût tué à Fourmies...* » Et hier encore, dans ce papier immonde capable de souiller jusqu'aux lieux les plus immondes, un Guinebauld, un Michaud, un Dupoizat, un Ginet étaient comparés à Anastay et à Dreyfus !...

Et vous voudriez, continue l'orateur, que nous puissions retenir ce sursaut de colère qui de nos cœurs monte à nos lèvres !... Heureusement, nous sommes en France ici ! Oui, la France, la voilà ! La voilà représentée par les Chabot, les Santi, les Lamolère, les Joly, les Lavaivre, les La Comble, les Borson, par tous ces officiers dont vous avez entendu les

témoignages ; la voilà encore dans ces
lettres des Bouchy, des Niel, des Delarue
de Beaumarchais, des Sordet, des Lavaur,
des Lafont; dans ces lignes de ce brave
Galland qui, en route pour Madagascar,
nous envoie les vœux de ceux qui vont
soutenir là-bas l'honneur de « l'abject chiffon tricolore »; dans ces dépositions de soldats libérés, dans ces lettres touchantes de
naïveté et de patriotisme où des paysans,
des ouvriers, de tous les points de la
France, de tous les coins de nos montagnes de Savoie, nous apportent le con-
cert de leurs sympathies et le cortège de
leurs indignations!... Ces lettres, c'est un
livre d'or; je vous les remets, mon cher
lieutenant ; conservez-les comme une re-
lique, comme les cheveux de votre sainte
mère ; et, dans quelque trente ans d'ici,
couvert, je l'espère, des lauriers de la revanche, lorsque sonnera pour vous comme
pour votre ancien colonel l'heure de la re-
traite, dans votre chère Vendée, vous
pourrez vous rappeler avec orgueil que si,
au pied des Alpes, il y a des vipères, il y
a aussi, en haut, en bas, dans les rangs
du peuple comme dans les états-majors,
il y a, sur la terre. des edelweiss et des
cyclamens, toute une floraison d'âmes
vaillantes et de nobles cœurs qui vous

ont fait oublier vos souffrances et encadrer
cette journée dans vos souvenirs comme
un beau jour, comme un grand jour!...

Car, dit en terminant l'orateur, la réparation, Guinebauld l'a maintenant ; il la
tient, elle est acquise et, quoi qu'il arrive,
l'honneur est sauf et la vérité a lui. D'ar-
gent, nous n'en voulons pas : un officier
français ne bat pas monnaie avec son
honneur. Des insertions, nous en récla-
mons ; nous les voulons nombreuses, nous
les voulons dans l'*Echo des Montagnes,*
pour en purifier les colonnes, s'il vit encore
demain ; mais tout cela n'est rien auprès
de ces débats, de cette fuite honteuse, de
cet arrêt que la Cour va rendre, au risque
d'être dans quelques jours, avec nous,
couverte de la même boue, de cette boue
dont'nous, vos modestes auxiliaires, nous
nous parerons à vos côtés.

Cet arrêt, ce sera, non pas un arrêt de
vengeance et de passion, mais un arrêt
de justice et de vérité. Ferme et sans
peur, à une époque de compromissions et
de défaillances, à une heure où l'on se
prend à trembler jusque devant l'ombre
d'un fantoche, il sera à la fois digne de la
magistrature et de l'armée, ces deux
grandes institutions qui sont notre dernier rempart ; il satisfera la conscience

publique ; il rassurera les honnêtes gens ;
il vengera les calomniés et il apprendra
aux agents de la Révolution sociale qu'il
y a encore en France une justice pour
protéger ce haillon tricolore, qui abrite
un siècle d'héroïsme et sous les plis du-
quel la « grande muette » travaille à faire,
non pas des soldats de la grève et de
l'anarchie, mais des Français prêts à
combattre, à vaincre et à mourir pour la
patrie !...

PLAIDOIRIE DE Mᵉ BEL.

Mᵉ Bel, qui se présente au nom de M. le
docteur Michaud, expose, en commençant,
les états de services de son client. Sorti du
Val-de-Grâce dans un très bon rang, ho-
noré pour sa thèse des suffrages de la
Faculté de médecine de Lyon, M. Michaud
est depuis plusieurs années au 4ᵉ dragons.
L'honorable défenseur se félicite d'avoir
été choisi pour plaider cette cause où il
peut assister un enfant de la Savoie dont
il connaît depuis longtemps la famille et
dont il apprécie le mérite.

Passant à l'examen des faits incriminés, il s'attache à faire ressortir la fausseté, l'injustice, la mauvaise foi de l'*Echo
des Montagnes*. Il reprend une à une tou-

tes les circonstances de la maladie du cavalier Reynaud, prouve que, dès le début,
l'aide-major a pris toutes les précautions
pour s'assurer de l'état de santé du soldat,
observant sa température, lui faisant accorder des effets de couchage supplémen-
taires, allant spontanément le visiter.
D'abord, aucun symptôme de maladie
n'apparaît. Dès qu'il a constaté un peu de
fièvre, il ordonne l'envoi à l'hôpital. Si
une méningite s'est déclarée plus tard,
nul n'en pouvait percevoir les symptômes
tout d'abord. Le médecin, qu'il soit militaire ou civil, ne devinera jamais une maladie qui n'est pas déclarée, que rien ne
manifeste.

De cette argumentation serrée, logique
et précise ressort la rectitude de la conduite du major. Aussi Me Bel déclare s'as-
socier aux considérations générales déve-
loppées par ses confrères et il réclame une
large réparation pour les victimes de
l'*Echo des Montagnes*.

PLAIDOIRIE DE Me RAYMOND.

En prenant la parole au nom de M.
Dupoizat, sous-lieutenant au 97e de ligne,
Me Raymond s'associe aux véhémentes
protestations que ses confrères ont élevées

contre la campagne antipatriotique que
certains organes socialistes poursuivent
impudemment et que la justice a le devoir d'entraver. Les journaux qui font métier de l'injure et de la calomnie ébran-
lent, l'une après l'autre, toutes les assises
de la société. L'armée, à son tour, devait
recevoir leur assaut. Fidèle à cette tacti-
que, l'*Echo des Montagnes,* après avoir
concentré ses feux sur la magistrature, a
tourné ses armes contre les régiments en
garnison à Chambéry. La cavalerie a été
attaquée la première. On tire d'abord sur
les éclaireurs. Le 24 mars, l'infanterie est
entrée en ligne. Mais on ne s'y prend pas
avec elle de la même façon. Le journal
use d'un stratagème qu'il croit habile et
qui n'est que lâche. Il met en tête de son
article : « Simples questions », et, sous ce
titre, on articule sous forme interrogative
les faits les plus diffamatoires contre le
sous-lieutenant Dupoizat. Les gens d'honneur appellent cela un procédé déloyal.
Pour le Code, c'est une dénonciation ca-
lomnieuse, et il eût été facile d'en demander la répression au tribunal correction-
nel, d'autant plus que la fausseté de l'im-
putation a été vite reconnue. On a fait
une enquête, la calomnie a été établie ; il
est certain que M. Dupoizat a fait son de-

voir. A cette audience, on a entendu M. le colonel de Santi approuver sa conduite et dire : « Moi, son chef, je le couvre. » Mais cette poursuite correctionnelle était-elle une réparation suffisante ? Convenait-il d'appeler un tribunal à délibérer sur un règlement militaire, à prononcer sur la méthode d'entraînement suivie dans l'armée, de provoquer une jurisprudence sur le port d'armes et l'école du soldat ?

Non ! Ce qu'il y a de grave, de dangereux, de coupable dans les articles de l'*Echo*, ce n'est pas la délation : c'est l'insulte jetée aux officiers, le coup porté à la discipline, l'excitation à la haine des soldats envers leurs chefs, l'appel à la révolte. Il fallait une flétrissure publique de ces crimes. Il fallait aussi une réparation éclatante pour les victimes des calomnies socialistes, et c'est ce qu'a voulu le ministre de la guerre en réclamant des poursuites en Cour d'assises du chef de diffamation et d'injures. Ce dédommagement moral attendu depuis trois mois, la justice va enfin l'accorder.

« Ah ! s'écrie l'orateur, je comprends l'intérêt passionné avec lequel on suit ce procès. En effet, c'est le procès de l'armée, celui de la France. Il nous intéresse tous, nous qui avons servi le drapeau ou

qui voyons sous ses plis nos frères ou nos
enfants. Pour moi, je suis heureux de
prendre la parole dans cette cause et je
remercie ceux qui m'ont appelé à cet honneur ! »

Qu'importent les personnes dans ce débat ? Est-ce une animosité de Quay-
Cendre contre le sous-lieutenant Dupoizat
qui l'a fait surgir ? Non, la question est
plus haute et plus vaste. Il s'agit pour les
socialistes, négateurs de la patrie, de détruire l'armée qui n'est pas seulement le
rempart de l'intégrité nationale devant
l'étranger, mais encore la gardienne de
l'ordre et de la paix intérieure. Dans ce
but, on bat en brèche la discipline, on
ébranle la hiérarchie, on sème dans les
rangs la méfiance, le dégoût et la haine.
L'honorable avocat cite, à ce propos, des
phrases trop explicites empruntées à certains livres qui ont fait scandale en ces
dernières années. « Voilà, dit-il, les maîtres intellectuels de l'accusé, lui qui con-
sidère le drapeau tricolore comme un abject chiffon, lui qui compare le patriotisme
à une fleur cultivée en serre chaude et qui
exige trop de fumier. »

Laissera-t-on ce flot de boue se dérou-
ler sans obstacle, couvrir tout ce que nous
respectons, menacer tout ce qui nous pro-

tège ? Ne voit-on pas quels effroyables résultats, l'inertie du pouvoir social et l'excessive timidité des honnêtes gens attaqués entraîneraient infailliblement. Si un châtiment exemplaire ne frappe pas aujourd'hui les fauteurs de désordre, demain ils reprendront leur œuvre. La lutte, enhardie par un premier succès, recommencera ; la diffamation s'attaquera aux chefs qui n'ont pas encore été touchés. Et voici l'officier déconcerté, doutant de son autorité, hésitant dans son commandement : il ne verra pas pour ne pas punir ; le médecin recevra tout le monde et sera dans l'alternative d'être complice de supercheries ou victime d'accusations impudentes ; l'instructeur se relâchera, il ne demandera que ce que l'on voudra bien lui donner, les mauvais soldats seront les maîtres et agiront à leur guise. Croit-on, en effet, que, pour l'officier insulté, ce soit une ressource bien enviable de venir affronter les débats d'une audience en Cour d'assises. A ces hommes vivant dans une autre atmosphère que celle où les politiciens s'épanouissent, il a fallu du courage pour affronter cette épreuve. Non pas de ce courage, dont ils sont riches, et qui, au premier appel, les emportera gaîment sur le champ de bataille, mais un autre plus froid, plus rare, celui qui leur a fait braver des émotions nouvelles pour eux et dont nous les avons vus étreints au cours de cette audience solennelle.

Si le lieutenant Dupoizat était seul en cause ici, on n'aurait pas vu s'ouvrir la campagne socialiste. Quay-Cendre ne le connaît même pas. Ce qu'il a attaqué, vilipendé, bafoué en lui, c'est l'uniforme, c'est le drapeau, c'est l'armée.

L'honorable officier qui vient d'être en butte aux outrages de ce détracteur patenté du « militarisme » est un engagé volontaire qui a gagné l'épaulette par son énergie et son travail. Entré au 78ᵉ de ligne en 1886, il devient sous-officier, subit les examens d'admission à Saint-Maixent et, le 1ᵉʳ avril 1894, il est nommé sous-lieutenant au 97ᵉ de ligne. Mᵉ Raymond apporte aux débats une lettre où l'ancien capitaine de son client rend un chaleureux témoignage de la valeur du jeune officier. Cette attestation est confirmée par celle des chefs sous lequel il est placé à Chambéry, notamment par celle du capitaine Borson qui commande sa compagnie.

L'honorable avocat discute alors les articulations de l'*Echo des Montagnes* au sujet des prétendus abus imputés à M. Dupoizat. « Que lui reproche-t-on ? dit-il.

D'avoir ordonné du pas gymnastique. Mais les enfants des écoles, les pupilles de nos Sociétés en font. De quel droit l'accusé vient-il morigéner les chefs qui manœuvrent à la tête de leurs soldats et juger les méthodes d'entraînement suivies dans l'armée ? S'il a le souffle court et si cette épreuve lui a été épargnée, qu'a-t-il besoin de trancher ces questions ?

« Ces exercices auraient eu lieu dans la boue. C'est faux, tous les témoignages le démentent. Mais cela eût-il été, est-ce que les enfants qui vont à l'école ont toujours à leurs trousses les mamans pour leur dire où il faut mettre le pied ? Va-t-on confier la surveillance des régiments d'infanterie aux Sœurs de l'école enfantine à qui l'on prépare des loisirs ? »

Sur les brutalités reprochées au sous-lieutenant, le démenti est formel, catégorique, la réfutation décisive. Il en est de même pour la prétendue mise à la réforme d'un homme victime de mauvais traitements. Toutes les dépositions entendues n'ont laissé aucun doute sur ce point.

« Et le diffamateur qui devait nous confondre, où est-il ? Il s'est dérobé. Sa fuite est une lâcheté, mais c'est aussi un aveu. Et pourtant il y a des mécontents partout pour ces besognes de rancune et de basse vengeance. Il y a les esprits aigris, les maniaques de la persécution, et ceux pour qui le maître est toujours l'ennemi ; le lycéen accuse son professeur, le plaideur son juge, le mauvais ouvrier son patron. Voilà les auxiliaires sur qui comptait l'accusé quand il nous disait avec tant de forfanterie dans son journal : « Je m'expliquerai à la Cour d'assises. » Nous y sommes venus et nous y sommes seuls. Oui, Quay·Cendre a eu peur des jurés, pères et frères de soldats qui ne s'associeront jamais à une œuvre de scandale et de ruine où l'on veut salir le renom de l'armée et détruire la force de la nation. Bien plus, il s'est moqué de la justice et du public, lui qui, ce matin, pour ramasser quelques gros sous, faisait vendre sous les fenêtres du Palais les numéros de son journal, où il se montrait plein de jactance et de fanfaronnade en face des officiers, des jurés et de la Cour. Eh bien, cet homme, on l'a vu à l'audience. Il a ergoté pendant quelques minutes, puis il est sorti sans lever les yeux, chassé par M. l'avocat général vers ceux qu'il diffamait et il est allé à la la fin s'enferrer dans un casque de dragons ! (*Hilarité générale.*)

« Il fallait un châtiment au coupable. Il faut aussi une réparation à la victime. M.

Dupoizat réclame un franc de dommages-intérêts pour le principe et des insertions de l'arrêt pour donner une légitime satis-faction à ses chefs, à ses camarades, à l'ar-mée qui a été outragée en sa personne. Une condamnation rassurera l'opinion pu-blique indignée, irritée, scandalisée de l'œuvre abjecte et néfaste que poursuivent les négateurs de la patrie. Ces malfaiteurs de la politique jettent dans le pays une semence de haine qu'il importe d'étouffer. L'arrêt de la Cour contribuera à cette be-sogne d'assainissement.

« Non, la semence de corruption et de lâcheté ne lèvera pas. Ceux qui se flattent qu'un jour les balles françaises frapperont des officiers français, ceux qui ont osé proférer ce blasphème et rêver cette honte, ce crime, se sont trompés. Au jour du combat, toutes les balles françaises iront où elles doivent aller. Elles iront toutes à l'ennemi, parce que, ce jour-là, l'accusé et ses complices ne seront pas dans les rangs de cette armée qu'ils insultent. De ces internationalistes, les uns auront passé la frontière, les autres seront pro-tégés par la réforme ou subiront, dans quelque prison, le châtiment de leurs attentats contre la paix sociale et la gran-deur de la France. »

LE RÉQUISITOIRE

M. Orsat, avocat général, qui occupe le siège du ministère public, s'adresse en commençant aux officiers :

« Depuis trois mois, leur dit-il, vous avez bien souffert, messieurs, en vous voyant insultés, calomniés, souillés de toute la boue que remue le journal poursuivi en ce moment. Mais les débats d'aujourd'hui ont dû vous apporter déjà une satisfaction méritée. Quel spectacle consolant n'avons-nous pas eu à cette audience ! Nous avons vu tous les témoins, chefs, soldats, anciens militaires, rendre hommage à votre loyauté, à votre dévouement, à votre bonté et confondre, par un témoignage unanime, l'impudence de vos diffamateurs. C'est une première réparation, juste et nécessaire. Il en faut une autre. »

Alors M. Orsat passe en revue toutes les circonstances de la cause et, discutant point par point les allégations de l'*Echo des Montagnes*, démontre que les faits avancés par Quay-Cendre n'ont aucun fondement. Il flétrit avec une énergie de langage que nous ne pouvons rendre la conduite de l'accusé. Il lui refuse le titre de journaliste pour lui laisser celui de « mar-

chand de scandales, boulangiste aujour-
d'hui, socialiste demain, menteur toujours ».....

La culpabilité étant bien démontrée,
une question se pose : Y a-t-il dans l'affaire une circonstance sollicitant l'indul-
gence de la Cour dans l'application de la
peine ? L'avocat général examine cette
question et aucun motif d'atténuation ne
lui apparaît. Le caractère de la campagne
socialiste, l'impression faite par ses mensonges, l'audace avec laquelle elle exploite
le scandale, les antécédents de l'accusé
dont on nous fait connaître avec commen-
taires les condamnations antérieures, rien
n'appelle la commisération de la Cour.
M. Orsat conclut donc à un arrêt sévère
donnant aux parties civiles un large dédommagement et frappant l'inculpé d'une
forte peine corporelle.

« La rigueur de la justice apportera,
dit-il, un soulagement à la conscience publique. Pour vous, messieurs les officiers,
vous sortirez de cette enceinte consolés,
réconfortés et fiers. On vous l'a dit avec
raison : les outrages ne vous atteignent
pas, les calomnies ne sauraient vous dimi-
nuer. Ce flot de mensonges dont on a voulu
vous couvrir n'a aucune prise sur la population de notre ville qui est tout entière

avec vous. Oui, nous avons confiance en vous. Tous vous soutiennent à ce moment d'épreuve. Tous vous suivront à l'heure du danger. »

L'ARRÊT

La Cour se retire pour délibérer. Quand elle revient, M. le président donne lecture de son arrêt condamnant l'accusé à un an de prison, trois mille francs d'amende, un franc de dommages-intérêts envers chacun des plaignants, à l'insertion de l'arrêt dans trente numéros consécutifs de l'*Echo des Montagnes* et dans vingt journaux au choix de la partie civile.

Chambéry. — Imprimerie Savoisienne.

Imprimerie Savoisienne

5, RUE DU CHATEAU

CHAMBÉRY

www.ingramcontent.com/pod-product-compliance
Lightning Source LLC
Chambersburg PA
CBHW070841210326

41520CB00011B/2301